铁路安全监督检查指导手册
——电务专业

《铁路安全监督检查指导手册——电务专业》编委会　编

中国铁道出版社有限公司

2023年·北京

图书在版编目(CIP)数据

铁路安全监督检查指导手册. 电务专业/《铁路安全监督检查指导手册——电务专业》编委会编. —北京:中国铁道出版社有限公司,2022. 9(2023. 12 重印)
ISBN 978-7-113-29494-6

Ⅰ. ①铁… Ⅱ. ①铁… Ⅲ. ①铁路信号-安全技术-监督管理-手册 Ⅳ. ①U298-62

中国版本图书馆 CIP 数据核字(2022)第 138001 号

书　　名: **铁路安全监督检查指导手册**——电务专业
TIELU ANQUAN JIANDU JIANCHA ZHIDAO SHOUCE: DIANWU ZHUANYE
作　　者:《铁路安全监督检查指导手册——电务专业》编委会

策　　划: 律清涛
责任编辑: 徐　清　**编辑部电话:** (010)51873147　**电子邮箱:**357716058@qq. com
封面设计: 高博越
责任校对: 安海燕
责任印制: 高春晓

出版发行: 中国铁道出版社有限公司(100054,北京市西城区右安门西街 8 号)
网　　址: http://www. tdpress. com
印　　刷: 北京联兴盛业印刷股份有限公司
版　　次: 2022 年 9 月第 1 版　2023 年 12 月第 4 次印刷
开　　本: 880 mm×1 230 mm 1/32　**印张:** 0. 875　**字数:** 18 千
书　　号: ISBN 978-7-113-29494-6
定　　价: 15. 00 元

编 委 会

目　录

铁路安全监督检查指导手册——电务专业(电务部)

铁路安全监督检查指导手册——电务专业(电务段)

铁路安全监督检查指导手册——电务专业（电 务 部）

1 安全管理

1.1 编制依据

1.《中华人民共和国安全生产法》；

2.《铁路交通事故调查处理规则》（铁道部令第 30 号）；

3.《铁路安全管理条例》（国务院令第 639 号）；

4.《生产安全事故报告和调查处理条例》（国务院令第 493 号）；

5.《国务院安委会办公室关于全面加强企业全员安全生产责任制工作的通知》（安委办〔2017〕29 号）；

6.《中国国家铁路集团有限公司安全生产委员会工作规则》和《中国国家铁路集团有限公司安全生产委员会办公室工作细则》（铁安委〔2020〕1 号）；

7.《铁路技术管理规程（普速铁路部分）》（铁总科技〔2014〕172 号、铁总科技〔2017〕221 号）；

8.《铁路技术管理规程（高速铁路部分）》（铁总科技〔2014〕172 号、铁总科技〔2017〕221 号）；

9.《中国铁路总公司关于全面加强全员安全生产责任制工作的通知》（铁总安监电〔2017〕194 号）；

10.《中国铁路总公司安全管理规定》（铁总安监〔2015〕10 号）；

11.《中国铁路总公司关于构建铁路安全风险管控和安全隐患排查治理双重预防机制的指导意见》（铁总安监〔2017〕68 号）；

12.《安全双重预防机制工作指南（试行）》（铁办安监〔2019〕22 号）；

13.《国铁集团关于进一步加强高铁运营安全管理的指导意见》（铁安监〔2020〕126 号）；

14.《国铁集团关于规范安全红线管理的通知》(铁安监〔2020〕97号);

15.《安全监察指令(通知)书管理办法》(安监行安函〔2020〕25号);

16.《安全监察意见书管理办法》(安监行安函〔2021〕10号);

17.《中国铁路运输技术规章管理办法》(铁科信〔2020〕132号);

18.《国铁集团铁路营业线施工管理办法》(铁调〔2021〕160号);

19.《中国铁路总公司关于运输站段标准化规范化建设的指导意见》(铁总企法〔2019〕17号);

20.《国铁集团劳动安全监督管理办法》(铁安监〔2020〕147号);

21.《中国铁路总公司安全监督管理办法》(铁总安监〔2015〕358号);

22.《铁路行车设备故障调查处理办法》(铁办〔2007〕168号);

23.《中国铁路总公司突发事件应急预案管理办法》(铁总办〔2014〕63号);

24.《高速铁路突发事件应急预案(试行)》(铁运〔2012〕33号);

25.《铁路交通事故暴露问题整改督办办法(试行)》(铁总安监〔2017〕143号);

26.《铁路电务安全规则》(铁总运〔2015〕26号)。

1.2 检查重点

1.2.1 制度、机制建设

1. 建立健全安全风险管控和隐患排查治理双重预防机制、安全生产责任制、干部履职考核机制、正向激励机制、竞赛评比机制、行车主要工种队伍建设机制、专业监督检查机制、安全生产结合部问题解决协调机制等。

2. 建立健全安全生产分析会、教育培训、安全"红线"管理、安全信息管理、应急管理、安全预警、安全约谈、责任追究、挂牌督办、对规评比、安全问题通报等制度。

1.2.2 安全生产责任制

建立健全各层级、各岗位安全生产责任制,明确岗位安全风险管控职责,动态修订完善,定期开展履责考评。

1.2.3　标准化规范化

健全完善安全生产标准体系，制定实施方案和评价标准，定期进行检查验收。

1.2.4　双重预防机制

1. 定期组织安全风险辨识研判，动态完善安全风险库，落实风险管控措施。

2. 定期组织开展隐患排查，及时组织整治，重大隐患实施挂牌督办。

1.2.5　事故、故障管理

建立事故、故障管理制度，按规定召开专题分析会，针对暴露出的问题制定整改措施并落实，严格责任追究。

1.2.6　安全书管理

接到《安全监察指令（通知）书》《安全监察意见书》《安全风险预警通知书》等，应按规定及时组织研究分析，制定并落实整改防范措施。

1.2.7　劳动安全管理

制定劳动安全管理及监督检查制度，明确检查职责、周期、内容和方法，对各级管理人员落实情况进行检查考核。针对普遍性、关键性和倾向性问题，组织分析研究并督促整改。

1.2.8　安全专项整治

建立健全安全生产专项整治制度，合理制定专项整治计划、实施方案并推进落实，达到预期效果。

2　专业管理

2.1　编制依据

1.《中国铁路运输技术规章管理办法》（铁科信〔2020〕132 号）；

2.《中国铁路总公司安全管理规定》（铁总安监〔2015〕10 号）；

3.《铁路技术管理规程（普速铁路部分）》（铁总科技〔2014〕172 号、铁总科技〔2017〕221 号）；

4.《铁路技术管理规程（高速铁路部分）》（铁总科技〔2014〕172 号、铁总科技〔2017〕221 号）；

5.《国铁集团铁路营业线施工管理办法》（铁调〔2021〕160 号）；

6.《普速铁路信号维护规则》（铁总运〔2015〕238 号）；

7.《高速铁路信号维护规则》(铁总运〔2015〕322 号);

8.《铁路电务安全规则》(铁总运〔2015〕26 号);

9.《铁路电务设备延期使用评估指导意见》(运电信号函〔2016〕129 号);

10.《中国铁路总公司关于运输站段标准化规范化建设的指导意见》(铁总企法〔2019〕17 号)。

2.2 检查重点

2.2.1 机构及人员

合理设置内部机构,明确专业管理职责,配齐专业管理人员,满足专业管理需要。

2.2.2 规章制度

1. 建立健全信号维修、大中修、联锁、电气特性测试、施工、结合部管理等规章制度。根据行车设备及作业组织方式变化、新技术应用等,及时制定、修改、补充、废止有关规章制度和作业标准。

2. 制定的技术规章应以铁路局集团公司文件发布,且必须服从上级技术规章,不得与上级技术规章相抵触。按规定主抄送相关单位和部门,定期清理和公布。

2.2.3 工程施工管理

1. 信号设计、施工必须由具有相应资质的单位承担。纳入国家铁路运输生产企业行政许可和铁路专用产品认证采信目录的产品、器材,须取得相应的证书后,方可上道使用。新设备、新器材必须经过上道试验,按管理权限获得批准后,方可正式上道使用。

2. 按规定履行施工安全责任、协调解决问题、审定施工方案和施工安全措施、施工现场的安全监控等职责。

2.2.4 维修管理

1. 每年应组织年度信号中修、大修及更新改造工作计划的编制、审核、审批和报告。计划符合设备修程修制、寿命周期等规定的要求,符合相关技术政策和铁路发展规划。定期进行监督检查、统计分析,研究解决存在的问题。

2. 每年组织电务段进行春季设备质量检查和秋季设备质量鉴定工作,有计划地开展设备质量评比。

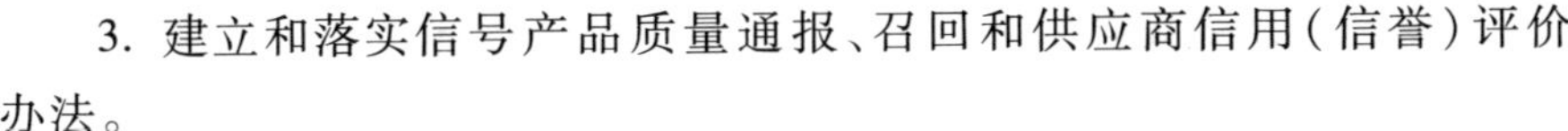

3. 建立和落实信号产品质量通报、召回和供应商信用（信誉）评价办法。

2.2.5 技术管理

建立健全设备管理台账和技术档案，及时修订技术资料和图纸。

2.2.6 电气特性测试管理

1. 制定信号设备电气特性测试管理办法，明确项目和周期。信号试验室（检测所）按规定完成测试任务，落实管理职责，对信号设备电气特性测试工作进行分析总结。按规定配备电务检测车，按周期对信号、无线设备进行动态检测。

2. 制定信号集中监测系统运用维护管理办法，信号集中监测系统应随工程同步开通。

2.2.7 设备管理

信号设备、器材实行寿命管理，超过使用寿命期限的设备、器材原则上不得继续上道使用。制定延期使用评估办法，组织对超寿命期信号设备、器材进行专项评估后，可适当延长使用。

3 联锁管理

3.1 编制依据

1.《铁路技术管理规程（普速铁路部分）》（铁总科技〔2014〕172 号、铁总科技〔2017〕221 号）；

2.《铁路技术管理规程（高速铁路部分）》（铁总科技〔2014〕172 号、铁总科技〔2017〕221 号）；

3.《国铁集团铁路营业线施工管理办法》（铁调〔2021〕160 号）；

4.《铁路信号设计规范》（TB 10007—2017）；

5.《铁路车站计算机联锁技术条件》（TB/T 3027—2015）；

6.《铁路电务安全规则》（铁总运〔2015〕26 号）；

7.《铁路信号产品运用管理办法》（铁工电〔2022〕41 号）；

8.《普速铁路信号维护规则》（铁总运〔2015〕238 号）；

9.《高速铁路信号维护规则》（铁总运〔2015〕322 号）；

10.《车站联锁设备维护管理办法》（铁工电〔2019〕91 号）。

3.2 检查重点

1. 设专职联锁主任，负责联锁管理工作。组织对电务段联锁主任及专兼职联锁工程师进行资格培训并发证。

2. 制定列控、联锁、CTC 等管理办法，明确试验程序、方法、标准用语及注意事项等，指导检查电务段联锁管理相关工作。

3. 组织列控中心、临时限速服务器、应答器数据和报文的核定。按规定程序和权限审核联锁设备软、硬件变更及联锁关系和电路图的变更，审查科研项目试验有关联锁内容。

4. 每年召开一次联锁管理会议，研究解决存在问题。

4 车载设备管理

4.1 编制依据

1.《列车运行监控装置(LKJ)运用维护规则》(铁总运〔2014〕107 号)；

2.《关于修订〈列车运行监控装置(LKJ)运用维护规则〉部分内容的通知》(铁总工电〔2018〕132 号)；

3.《CTCS-2/3 级列控车载设备维护管理办法》(铁总运〔2015〕57 号)；

4.《铁路信号产品运用管理办法》(铁工电〔2022〕41 号)；

5.《机车车载安全监测检测设备运用维护管理细则》(铁总运〔2017〕123 号)；

6.《轨道车运行控制设备运用维护管理办法》(铁总运〔2015〕46 号)。

4.2 检查重点

4.2.1 机制建设

1. 制定 ATP、LKJ、GYK、CIR 等运用维护管理办法。建立相关部门、单位联席会议机制，协调解决存在的问题。

2. 制定的岗位作业指导书符合要求。

4.2.2 数据换装管理

1. 车载控制软件和数据的版本号、编制流程符合规定。

2. LKJ(GYK)基础数据的审核、发布符合规定。

3. 制定 LKJ(GYK)数据编制方案，在符合要求的数据编制工作室专用计算机进行数据编制、比对、核对、模拟检验。

4. 严格落实LKJ(GYK)数据交接制度,接收方在交接表中填写字节数、校验码,由发送方进行核对。

5. 收齐相关部门、单位模拟检验正确的报告后,方可发布数据换装准备就绪电报。

6. LKJ(GYK)数据换装电报必须明确生效时刻。

4.2.3 ATP软件更换

1. ATP车载设备软件更换流程符合规定。

2. 按同一版本进行软件更换时,可安排首列动车组进行试验运行。在首列动车组完成新版软件变更工作且连续安全运行5 000公里,经铁路局集团公司、电务段、设备供应商确认新版软件运用正常后,方可安排后续动车组进行软件更换。

5 职工教育培训

5.1 编制依据

1.《铁路职工教育培训规定》(铁劳卫〔2012〕170号);

2.《铁路劳动安全培训规范》(劳卫教函〔2013〕60号);

3.《铁路运输企业从业人员安全培训管理办法》(铁安监〔2020〕29号);

4.《国铁集团办公厅关于明确院校毕业生分配岗位和任职资格时间的通知》(铁办劳卫〔2020〕34号);

5.《铁路局职工培训基地建设指导标准》(铁劳卫〔2012〕248号);

6.《高速铁路主要行车工种岗位准入管理办法》(铁劳卫〔2022〕25号);

7.《铁路运输企业职工教育培训工作考核评估标准》(铁劳卫〔2013〕46号)。

5.2 检查重点

1. 明确职工教育培训工作分管领导和具体负责人员。制定职工教育培训工作实施办法。编制职工教育培训发展规划、工作计划。

2. 组织电务段联锁主任、专兼职联锁工程师培训。

3. 组织电务新技术培训,指导电务段技术业务培训工作。

6 其他检查重点

1. 国家开展的涉及铁路运输安全的重点活动落实情况。

2. 国铁集团党组1号文件重点工作部署、推进情况。

3. 安监局年度安全重点工作部署、推进情况。

4. 春运、暑运、防洪防汛、防寒过冬等季节性、阶段性安全重点工作推进落实情况。

5. 国铁集团、安监局部署的专项工作开展情况。

铁路安全监督检查指导手册——电务专业
（电 务 段）

1 安全管理

1.1 编制依据

1.《中华人民共和国安全生产法》；

2.《铁路交通事故调查处理规则》（铁道部令第 30 号）；

3.《铁路安全管理条例》（国务院令第 639 号）；

4.《生产安全事故报告和调查处理条例》（国务院令第 493 号）；

5.《国务院安委会办公室关于全面加强企业全员安全生产责任制工作的通知》（安委办〔2017〕29 号）；

6.《中国国家铁路集团有限公司安全生产委员会工作规则》和《中国国家铁路集团有限公司安全生产委员会办公室工作细则》（铁安委〔2020〕1 号）；

7.《铁路技术管理规程（普速铁路部分）》（铁总科技〔2014〕172 号、铁总科技〔2017〕221 号）；

8.《铁路技术管理规程（高速铁路部分）》（铁总科技〔2014〕172 号、铁总科技〔2017〕221 号）；

9.《中国铁路总公司关于全面加强全员安全生产责任制工作的通知》（铁总安监电〔2017〕194 号）；

10.《中国铁路总公司安全管理规定》（铁总安监〔2015〕10 号）；

11.《中国铁路总公司关于构建铁路安全风险管控和安全隐患排查治理双重预防机制的指导意见》（铁总安监〔2017〕68 号）；

12.《安全双重预防机制工作指南（试行）》（铁办安监〔2019〕22 号）；

13.《国铁集团关于进一步加强高铁运营安全管理的指导意见》（铁

安监〔2020〕126号)；

14.《国铁集团关于规范安全红线管理的通知》(铁安监〔2020〕97号)；

15.《安全监察指令(通知)书管理办法》(安监行安函〔2020〕25号)；

16.《安全监察意见书管理办法》(安监行安函〔2021〕10号)；

17.《中国铁路运输技术规章管理办法》(铁科信〔2020〕132号)；

18.《国铁集团铁路营业线施工管理办法》(铁调〔2021〕160号)；

19.《中国铁路总公司关于运输站段标准化规范化建设的指导意见》(铁总企法〔2019〕17号)；

20.《国铁集团劳动安全监督管理办法》(铁安监〔2020〕147号)；

21.《中国铁路总公司安全监督管理办法》(铁总安监〔2015〕358号)；

22.《铁路行车设备故障调查处理办法》(铁办〔2007〕168号)；

23.《中国铁路总公司突发事件应急预案管理办法》(铁总办〔2014〕63号)；

24.《高速铁路突发事件应急预案(试行)》(铁运〔2012〕33号)；

25.《铁路交通事故暴露问题整改督办办法(试行)》(铁总安监〔2017〕143号)；

26.《铁路电务安全规则》(铁总运〔2015〕26号)。

1.2 检查重点

1.2.1 制度、机制建设

1. 建立健全安全风险管控和隐患排查治理双重预防机制、安全生产责任制、干部履职考核机制、正向激励机制、竞赛评比机制、行车主要工种队伍建设机制、监督检查机制、安全投入保障机制、触碰“红线”人员岗位退出机制、安全生产结合部问题协调解决机制等。

2. 建立安全生产委员会及安全生产月度分析会、安全“红线”、事故故障、责任追究、挂牌督办等安全管理制度。

1.2.2 安全生产责任制

建立健全各层级、各岗位安全生产责任制，明确岗位安全风险管控职责，动态修订完善，定期开展履责考评。

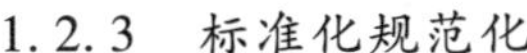

1.2.3 标准化规范化

细化科室、车间、班组标准化规范化实施方案和标准化规范化评价办法，并推进落实，定期进行检查验收。

1.2.4 双重预防机制

1. 定期组织安全风险辨识研判，动态完善安全风险库，落实风险管控措施。

2. 定期组织开展隐患排查，及时组织整治，重大隐患实施挂牌督办。

1.2.5 应急管理

1. 设置安全生产指挥中心，建立管理制度。配置必要的硬件设施、基础资料。结合各种电务设备监测系统、网络系统和资源，形成指挥系统平台。

2. 建立完善各类应急预案，明确处置流程和作业标准，并组织培训，定期组织开展应急演练。

3. 制定应急备品管理办法，明确配备原则、存放地点、备品型号、数量，健全台账，定期检查，使用后及时进行补充。

1.2.6 事故、故障管理

建立事故、故障管理制度，按规定召开专题分析会，针对暴露出的问题制定整改措施并落实，严格责任追究。定期统计分析事故故障暴露出的典型性、倾向性、关键性问题规律，指导生产维修。

1.2.7 安全书管理

接到《安全监察指令（通知）书》《安全监察意见书》《安全风险预警通知书》等，应按规定及时组织研究分析，制定并落实整改防范措施。

1.2.8 劳动安全管理

1. 制定劳动安全管理及监督检查制度，明确检查职责、周期、内容和方法，对各级管理人员落实情况进行检查考核。针对普遍性、关键性和倾向性问题，组织分析研究并督促整改。

2. 制定人身安全防护制度，明确驻站（调度所）联络员、现场防护员及作业负责人联控办法、通信设备管理要求等，规范联控时机、内容、对象、标准用语及复诵确认等环节。

3. 上道作业必须设置防护，驻站（调度所）联络员、现场防护员、作业负责人必须具备上岗资格，严格执行防护标准。劳务派遣人员必须经培训合格后方可按规定上岗。

1.2.9 安全专项整治

建立健全安全生产专项整治制度,合理制定专项整治计划、实施方案并推进落实,达到预期效果。

2 专业管理

2.1 编制依据

1.《中国铁路运输技术规章管理办法》(铁科信〔2020〕132 号);

2.《中国铁路总公司安全管理规定》(铁总安监〔2015〕10 号);

3.《铁路技术管理规程(普速铁路部分)》(铁总科技〔2014〕172 号、铁总科技〔2017〕221 号);

4.《铁路技术管理规程(高速铁路部分)》(铁总科技〔2014〕172 号、铁总科技〔2017〕221 号);

5.《国铁集团铁路营业线施工管理办法》(铁调〔2021〕160 号);

6.《普速铁路信号维护规则》(铁总运〔2015〕238 号);

7.《高速铁路信号维护规则》(铁总运〔2015〕322 号);

8.《铁路电务安全规则》(铁总运〔2015〕26 号);

9.《铁路电务设备延期使用评估指导意见》(运电信号函〔2016〕129 号);

10.《中国铁路总公司关于运输站段标准化规范化建设的指导意见》(铁总企法〔2019〕17 号)。

2.2 检查重点

2.2.1 机构及人员

合理设置科室、车间、班组等机构,配齐管理和作业人员,明确各岗位工作职责,满足生产需要。

2.2.2 规章制度

1. 建立健全信号维修、大中修、联锁、电气特性测试、施工、结合部管理等规章制度。根据行车设备及作业组织方式变化、新技术应用等,及时制定、修改、补充、废止有关规章制度和作业标准。

2. 制定的技术规章不得与上级技术规章相抵触。按规定抄送相关单位和部门，定期清理和公布。

2.2.3 工程施工管理

1. 设计文件、施工图纸按规定进行审查修订，施工中有修改时，需按规定办理。

2. 按规定编制、审核、提报施工方案和施工计划，与相关单位签订施工安全协议。

3. 严格执行技术和作业标准、工艺流程、安全防护等施工安全措施，严把施工开通放行条件。

2.2.4 维修管理

1. 按照设备修程修制、寿命周期，编制年度信号中修、大修及更新改造工作计划并按规定组织实施。

2. 结合设备质量状况、年度重点工作，编制年月表和信号器材轮修计划并按规定组织实施。

3. 每年进行春季设备质量检查和秋季设备质量鉴定工作，有计划地开展设备质量评比。

2.2.5 技术管理

建立健全设备管理台账和技术档案，及时修订技术资料和图纸，保证图纸完整、图实相符。

2.2.6 电气特性测试管理

1. 建立信号设备电气特性测试管理办法，明确项目和周期。

2. 信号试验室负责Ⅱ级测试，并对Ⅰ级测试进行检查指导。完成基建、更新改造、大修、中修验交测试工作任务，有关测试记录纳入验收资料。

3. 电务段、车间、工区按规定周期对测试数据进行分析，解决存在的问题。

4. 制定信号集中监测系统运用维护管理办法，信号集中监测系统应随工程同步开通。

5. 建立地面信号设备、行车控制设备监测数据和报警、预警信息分析平台，安排专职人员按规定周期调阅、分析，及时处置异常信息。

2.2.7 设备管理

1. 信号设备、器材实行寿命管理，超过使用寿命期限的设备、器材原则上不得继续上道使用。对超寿命期信号设备、器材进行专项评估,制定安全措施后,方可适当延期使用。

2. 建立信号设备履历并及时修订。

3. 建立设备质量检查及分析制度,定期开展质量检查。

3　联锁安全管理

3.1　编制依据

1.《铁路技术管理规程(普速铁路部分)》(铁总科技〔2014〕172 号、铁总科技〔2017〕221 号);

2.《铁路技术管理规程(高速铁路部分)》(铁总科技〔2014〕172 号、铁总科技〔2017〕221 号);

3.《国铁集团铁路营业线施工管理办法》(铁调〔2021〕160 号);

4.《铁路信号设计规范》(TB 10007—2017);

5.《铁路车站计算机联锁技术条件》(TB/T 3027—2015);

6.《铁路电务安全规则》(铁总运〔2015〕26 号);

7.《铁路信号产品运用管理办法》(铁工电〔2022〕41 号);

8.《普速铁路信号维护规则》(铁总运〔2015〕238 号);

9.《高速铁路信号维护规则》(铁总运〔2015〕322 号);

10.《车站联锁设备维护管理办法》(铁工电〔2019〕91 号)。

3.2　检查重点

3.2.1　联锁管理

1. 设置专职联锁主任,负责联锁管理工作。按规定配备联锁工程师和联锁试验人员,满足实际需要。各级联锁管理和试验人员须取得相应资质,并按规定开展适应性培训。

2. 制定列控、联锁、CTC 等管理办法,明确试验程序、方法、标准用语及注意事项等。

3. 建立完整的列控数据、报文档案,做好数据、报文的备份、存档工作。定时与电务部核对、更新列控系统报文数据库。更换应答器、修改报文按规定进行申请、审批、核对。

4. 电务段、车间、信号机械室须配备联锁图纸。电务段、车间须建立特殊联锁关系台账、联锁设备硬件配置表、联锁修改记录等资料。

5. 普速线路开行动车组,必须核对运行径路警冲标与钢轨绝缘节距离,满足不小于 5 m 规定,不满足时应按侵限管理。

6. 按规定程序、权限审核联锁软硬件变更申请并实施。

7. 每半年召开一次联锁管理分析会议,研究解决存在问题。

3.2.2 联锁试验

1. 未经电务段联锁试验或联锁试验不彻底的设备,严禁开通使用。各类联锁试验应按规定制定联锁试验方案。

2. 完成图纸审核、搭建试验平台、发布联锁软件后,方可组织仿真试验。应建立仿真联锁试验通知、试验方案、仿真联锁关系试验报告表、信号联锁关系试验检查表等资料。

3. 完成室内配线图实核对、设备器材和模拟盘安装工作,施工单位进行导通试验,各类电源正常,模拟试验软件版本合格,与其他系统接口具备测试条件,方可进行模拟联锁试验。应建立模拟联锁试验方案、信号联锁关系试验检查表、工程施工联锁关系试验报告表等资料。

4. 完成仿真、模拟试验后方可进行开通试验。应建立开通联锁试验方案、工程施工联锁关系试验报告表、信号联锁关系试验检查表等资料。开通联锁试验必须对备用系统、冗余器材同步试验。

5. 组织和参加联锁试验人员应具备相应资质,主持联锁试验和配合联锁试验人员应按标准操作,用语规范。试验过程中逐项填写试验记录,试验结束后有关人员在记录上签字。

6. 电务段应将电气特性、警冲标与绝缘节距离和转辙设备机械特性等纳入联锁试验。

7. 联锁试验中发现异常,要查清原因并正确处置。

8. 拆改配线、电缆割接、涉及更换配线或电缆芯线的故障应急处置等作业必须进行全面联锁试验,并做好试验记录。

9. 新开通运用后的设备,首次年度联锁试验由电务段负责组织。

4 车载设备管理

4.1 编制依据

1.《列车运行监控装置(LKJ)运用维护规则》(铁总运〔2014〕

107号）；

2.《关于修订〈列车运行监控装置（LKJ）运用维护规则〉部分内容的通知》（铁总工电〔2018〕132号）；

3.《CTCS-2/3级列控车载设备维护管理办法》（铁总运〔2015〕57号）；

4.《铁路信号产品运用管理办法》（铁工电〔2022〕41号）；

5.《机车车载安全监测检测设备运用维护管理细则》（铁总运〔2017〕123号）；

6.《轨道车运行控制设备运用维护管理办法》（铁总运〔2015〕46号）。

4.2 检查重点

4.2.1 人员机制

1. 按规定设置管理机构，配备相关管理和作业人员，满足生产需要。

2. 制定ATP、LKJ、GYK、CIR等运用维护管理办法。建立相关单位联席会议机制，协调解决存在的问题。

4.2.2 数据换装管理

1. 节数、校验码，由发送方进行核对。

2. 制定数据模拟检验方案，按规定实施，并及时汇报检验结果。

3. 组织召开换装协调会，明确换装范围、时间、地点、人员，制定换装方案和安全措施并落实。模拟机、备品等按规定纳入换装计划实施。

4. 落实换装作业流程，实行逐台确认销号制度。未换装机车要建立台账、重点盯控。

5. 落实委托换装规定，重点管控数据版本和换装确认销号。

6. 数据转存设备或芯片写入数据后应进行检验校核，合格后方可粘贴标识。数据转存设备或芯片发放严格执行领用请销记制度。

7. 动车组、机车数据换装、轮径修改等作业应严格执行作业标准，在试验文件分析正确后方可出库。

4.2.3 车载设备管理

1. 车载设备、器材实行寿命管理，建立车载设备履历并及时修订，定期开展车载设备质量检查分析。

2. 车载设备按修程修制及标准开展检修工作，落实验收制度。

5 培训教育

5.1 编制依据

1.《铁路劳动安全培训规范》(劳卫教函〔2013〕60号);

2.《铁路职工教育培训规定》(铁劳卫〔2012〕170号);

3.《铁路运输企业从业人员安全培训管理办法》(铁安监〔2020〕29号);

4.《国铁集团办公厅关于明确院校毕业生分配岗位和任职资格时间的通知》(铁办劳卫〔2020〕34号);

5.《铁路局职工培训基地建设指导标准》(铁劳卫〔2012〕248号);

6.《高速铁路主要行车工种岗位准入管理办法》(铁劳卫〔2022〕25号);

7.《铁路运输企业职工教育培训工作考核评估标准》(铁劳卫〔2013〕46号)。

5.2 检查重点

5.2.1 建立职工教育委员会及工作制度,设置职工教育培训机构,有计划地补充实训设施,满足职工日常岗位技能演练需要。健全完善段、车间、班组三级教育网络,制定职工教育培训工作实施办法。

5.2.2 制定干部、职工教育培训年度及月度计划并落实,按规定组织技能竞赛和岗位练兵,达到培训效果。

5.2.3 建立新职、转岗、晋升人员,以及高速铁路岗位从业人员培训管理制度,落实岗位准入制度。

5.2.4 定期开展安全警示教育活动。

6 其他检查重点

1. 国家开展的涉及铁路运输安全的重点活动落实情况。

2. 国铁集团党组1号文件重点工作部署、推进情况。

3. 安监局年度安全重点工作部署、推进情况。

4. 春运、暑运、防洪防汛、防寒过冬等季节性、阶段性安全重点工作推进落实情况。

5. 国铁集团、安监局部署的专项工作开展情况。